En el ag

escrito por Tammy Jones
adaptado por Paul Leveno

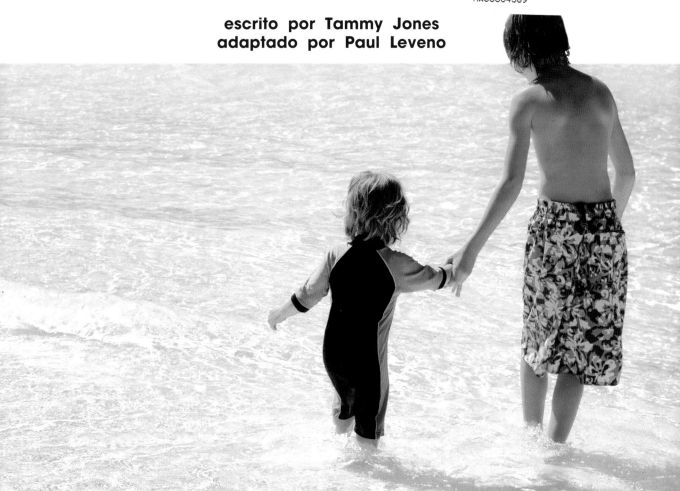

Palabras ilustradas

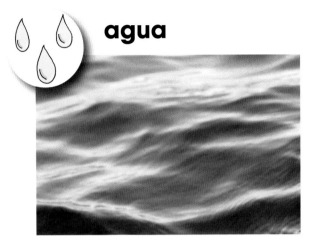

agua

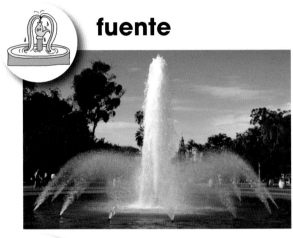

fuente

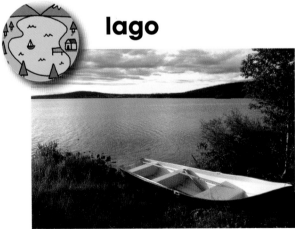

lago

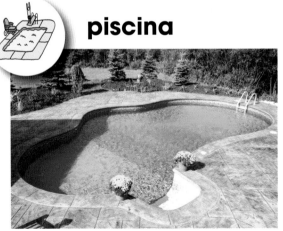

piscina

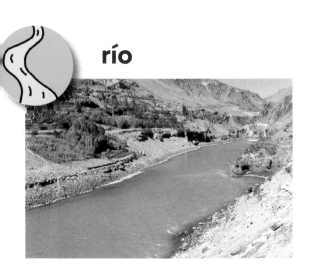

río

el

en

juego

la

yo

Yo juego en el 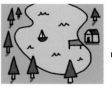.

lago

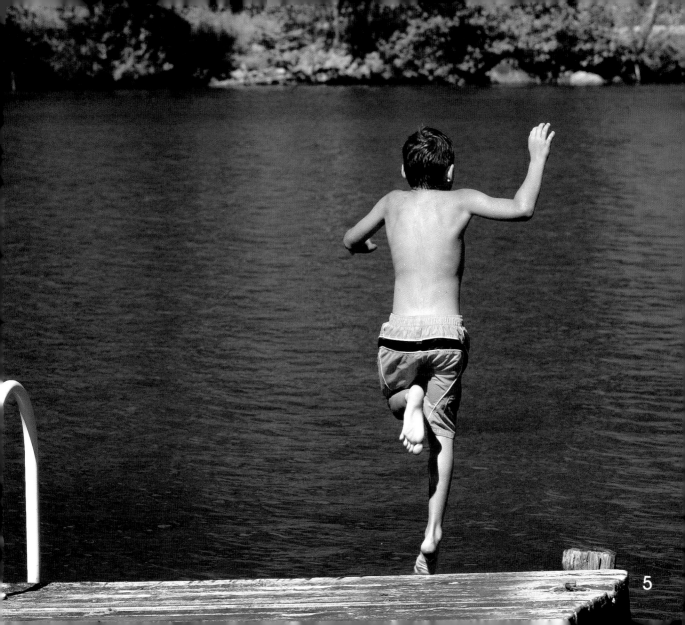

Yo juego en el .

río

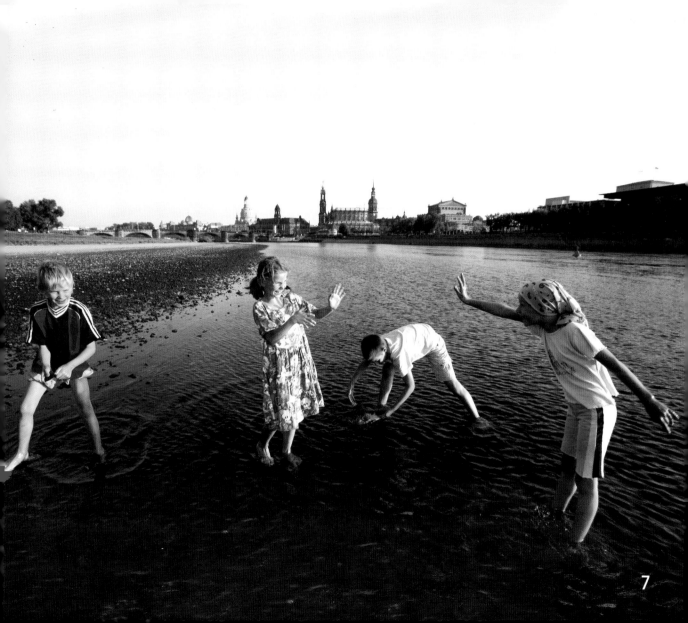

Yo juego en la .

piscina

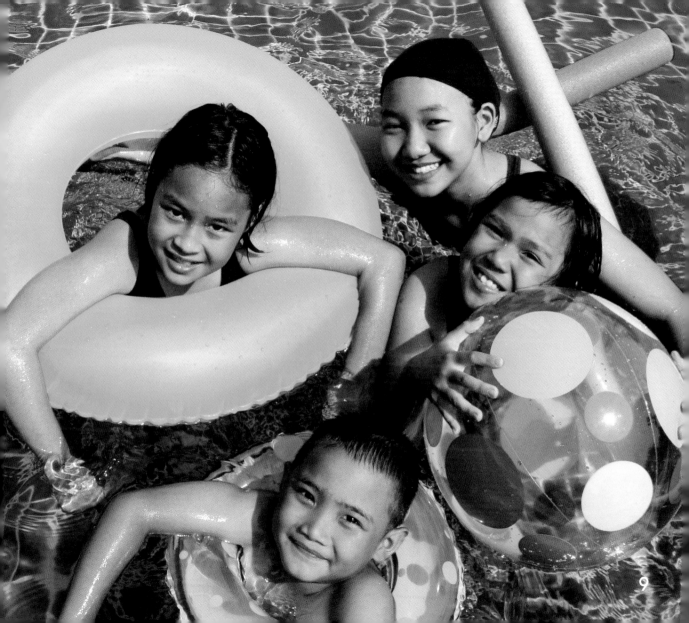

Yo juego en la 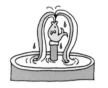 .

fuente

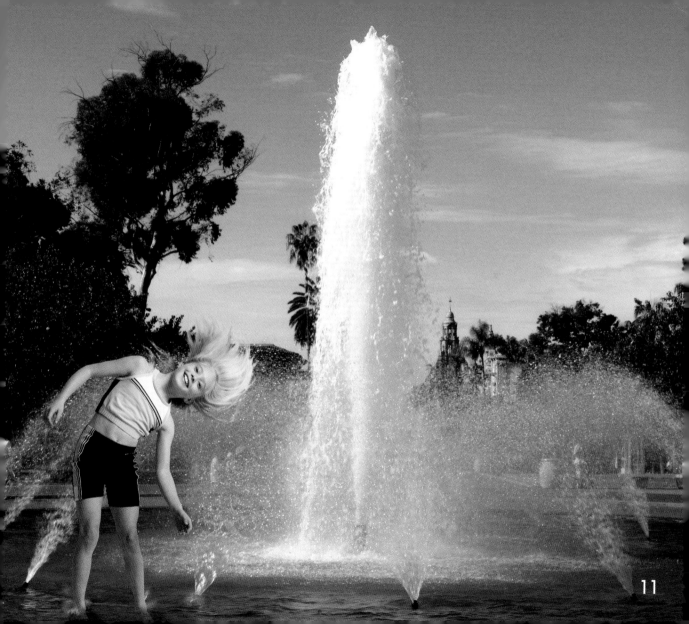

¡Yo juego en el 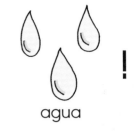!

agua

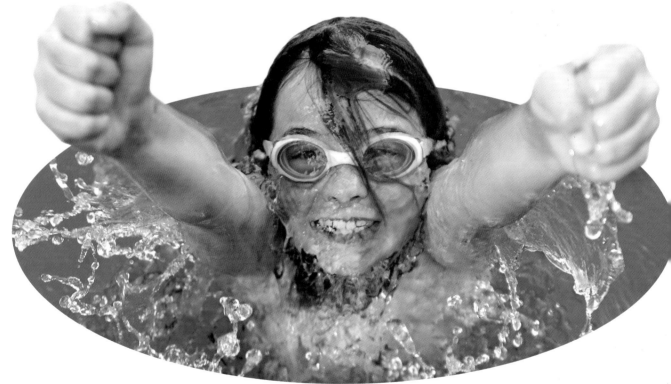